桝谷設計の65年

SINCE 1960-2025

作品抄

JN209351

奈良から未来を担う建築をつくる
総合設計事務所

中元 綱一
株式会社 桝谷設計　代表取締役

　桝谷設計は、昭和３５年（1960年）１月５日、奈良県吉野郡吉野町上市において、創設者である桝谷博行（1929年〜1996年）により設立されて以来、奈良から未来を担う建築を創り出すため、あらゆる条件を踏まえた上でベストな提案が出せるよう、総合設計事務所として活動しています。

　奈良・大阪・京都において、65年に渡り、官公庁から民間まで数多くのプロジェクトに参画させて頂く中で、地域の皆様とも信頼関係を築くことができました。これもひとえに当社を支えて下さった、御施主様、関係者各位、スタッフのご協力の賜物と心より感謝申し上げます。

　事務所を構成する約30人の社員は多世代にわたるフラットな構成で、意匠・構造・設備の各部門が一体となり発注者の掲げる目標をチームの目標として、施設プログラムの検討から建築の設計、監理まで、さらに完成後のメンテナンスも含め、社員全員が責任を持ってプロジェクトに参加できるようにしています。

　当社では、2001年に取得した品質マネジメントシステムISO9001を活用して、これを基本に長年のノウハウを活かせる手法や、BIMの活用、BCP（事業継続計画）、木造建築、ZEBデザイン、など日頃から研究・継続学習を行い、社会的要求に誠実に応えられる体制を整えています。

　総合設計事務所としての体制を重視して、意匠（総合）・構造・設備の専門技術者をインハウスで確保することで、より専門的な技術を統合し、建築の木造化、ZEB化、長寿命化、BIM化への対応をスムーズに行えることを強みとしています。

　事務所の65年に及ぶ業務を通して得た経験を、プロジェクトに生かしながら、より信頼され期待される総合設計事務所となるために、成長を続けて参ります。

今後ともお引き立てを賜りますよう宜しくお願い申し上げます。

四界と建築

先日、「住まい」をテーマにしたある対談に招かれ、建築とそれを取り巻く環境を捉えるために「四界」という図式（※図1）を提示した。それは同心円状に重なる四つの界域、「私界」「社界」「自然界」「不可界」をあらわしている。

「私界」の典型は家である。家はプライベートで外界から守られた場所で、人はそこに安心感を確保する。哲学者ボルノウは、家は敵対的で混沌とした外の世界から庇護された場所だと指摘する（ボルノウ『人間の棲家』）。家の周りの外の世界は、欲得がうごめく社会でありシャバである。そこでこの領域を「社界」と呼んでみる。

『岩波古語辞典』によると、「すまひ」の語根の「住み」は「あちこち動きまわるものが、一つ所に落ちつき、定着する」という意味であり、もともと「澄み」と同じ言葉だった。社界はたえず流動する領域で、それに対する私界の住まいは澄んで落ち着いた領域と言える。

しかしもう一歩引いて見れば、都市や集落などの社界も、森や荒野などの「自然界」から人間の生活を守るために造られた領域である。人類は「自然界」に対抗して生活するための領域を確保してきた。そしてそのために自然を研究し、自然を人間の手中に収め、コントロールしようとしてきた。建築もその一端を担ってきた。

ところが、近年、自然をコントロールできるという夢は妄想だということを、大地震や極端な大雨によって強く思い知らされている。手なづけられると思った自然界の外に潜む、人知を超えた大自然の猛威がつぎつぎと襲ってくる。そうした不可知で不可解な自然が「不可界」である。

不可界は最先端の宇宙物理学でも語られている。東京大学宇宙線研究所の素粒子観測施設XMASSのウェブサイトには、「宇宙が何でできているかを調べてみると、われわれが知っている、陽子や中性子など"目に見える"物質は全体の約5パーセントにすぎません」とある（https://www-sk.icrr.u-tokyo.ac.jp/xmass/darkmatter/index.html）。

ここで、同心円の四界の真ん中にもう一度目を向けてみよう。私界の典型である家について、その語源は興味深い意味を教えてくれる。「イヘ」の「イ」は発語で、「ヘ」はヘツヒ（カマド）を意味している。これは火が家にとって本質的であることを示唆している。発語の「イ」は、日本文学者の土橋寛によれば、生命力や霊力など、人ではない何かに対する呼びかけだという。「イノル」（祈る）の「イ」も同じで、「ノル」は「言う」なので、「イノル」は人間を超えた神的なものに対して語りかけることとなる。そうすると、「イヘ」のカマドの火は、暖をとり、食料を調理するための実用的な道具であっただけでなく、神的な力をあらわしていたとも考えられる。周りを取りまく社界、自然界、不可界の外力から身を守るために造られた家は、じつは火があらわす神的力によって不可界へと通じていたのだ。

では、現代建築は不可界を象徴できるのだろうか。京都大学の教授であり、建築家としても活躍した増田友也は、それは空間で可能だと考えるに至った。建築は、空間に漂うほのあかるさ、ほのぐらさによって自然のうつろい、自然の摂理を象徴できるのではないか。増田はこのようなアイデアにたどり着き、それをコンクリート製のルーバーが拡散する光によって実現しようとした。その到達点は、遺作となった鳴門市文化会館のホワイエに見ることができる（拙編『増田友也の建築世界』）。その空間にはほのあかるさが充満し、快活で優しい雰囲気が広がる。ルーバーに映る光と影の繊細な変化の美しさに人は心を動かされる。その時、人は目に見えない不可界の摂理にも触れているのではないだろうか。

地球環境問題に対する建築の取り組みは技術的な側面が大きいが、他方で、建築によって不可界を象徴するという文化面も看過できないだろう。

田路貴浩

京都大学大学院工学研究科教授
博士（工学）

1962年	熊本市生まれ
1986年	京都大学工学部建築系学科卒業
1987-88年	文部省給費留学生 （国立パリ建築学校ラ・ヴィレット校）
1990年	京都大学工学研究科建築学専攻 修士課程修了
1995年	京都大学工学研究科建築学専攻 博士課程修了
1996年	明治大学専任講師
2000年	明治大学助教授
2008年	京都大学大学院准教授
2020年〜	現職

【専門】　建築論、建築設計
【著書】　『イギリス風景庭園』（丸善、2000年）、『環境の解釈学』（学芸出版、2003年）、『日本の風景史』（昭和堂、2005年）、『分離派建築会 日本のモダニズム建築誕生』（京都大学学術出版会、2020年）、『ル・コルビジュ みずから語る生涯』（中央公論美術出版、2021年）、『増田友也の建築世界』（英明企画編集㈱、2023年）
【建築作品】
・積水化学工業京都技術研究所（京都大学加藤研究室にて、1992年『新建築』1992年5月号）
・関西日仏学館・ヴィラ九条山（京都大学加藤研究室にて、1992年）
・K-Villa（2004年、『新建築住宅特集』2005年9月号）
・WATERRAS Student House（2013年）
・大神神社 三輪山会館デザインアドバイザー（2019年）

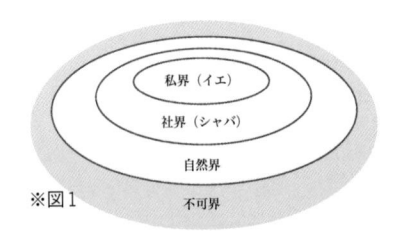

※図1

鋼・コンクリート混合構造の発展と今後の取組み

　木造、鉄骨造あるいは鉄筋コンクリート造といった単一の構造部材や構造システムで建築物を構成するのではなく、種々の材料を組み合わせて力学的に合理的な構造部材を形成する、あるいは異種の構造部材や構造システムを適材適所に用いる構造等の合成構造は、多種多様なニーズに対応する建築が要求される一つの選択肢として挙げられます。この合成構造は、異種の材料を組み合わせて構成される合成部材（鉄骨鉄筋コンクリート部材、コンクリート充填鋼管部材等）と、異種の構造部材あるいは構造システムを組み合わせて構成される混合構造に大別されます。

　その中でも、主に鉄骨部材とコンクリート系部材（主に鉄筋コンクリート（RC）部材等）によって構成される鋼・コンクリート混合構造の代表として、RC柱と鉄骨梁で構成される混合構造（RCS構造）が挙げられます。RCS構造は、1980年代半ばから各研究機関において精力的な研究開発が行われ、現在では倉庫建築や商業建築等の大スパン建築に用いられる代表的な構造のひとつと言われる実績を積み上げてきました。2021年には、日本建築学会より「鉄筋コンクリート柱・鉄骨梁混合構造設計指針」が刊行され、今後のさらなる実績に繋がることが期待されます。

　本混合構造の研究開発が始まった当初から約40年の月日が経過しましたが、上述の多様な建築のニーズに対応するためには、まだ多くの研究の余地を残しているのが現状です。鋼・コンクリートの組合せに限らず、混合構造の最大の課題は、異種構造部材が結合される接合部の複雑な応力伝達および抵抗機構を解明し、その力学モデルを構築することにあります。RCS構造において、一般的な柱梁接合部の力学モデルは、既往の研究により構築されている段階ですが、骨組の外構面において鉄骨梁がRC柱に対して偏心する柱梁接合部や、倉庫建築等に適用される左右の鉄骨梁天端レベルが相違する段差接合部等について、構造実験データの蓄積と力学モデルの構築が急務です。

　鋼・コンクリート混合構造接合部のおおよその形態は、鉄骨部材とRC部材が直交して結合される接合部（RCS柱梁接合部等）、これらが直列的に結合される接合部（鉄骨造寝巻き柱脚、複合梁等）および並列的に結合される接合部（鉄骨造露出柱脚等）に大別されます。したがって、各構造やその部位によらず、基本的な本接合部の応力伝達および抵抗機構は、上述の3形態に分類することができるはずです。今後の理想にはなりますが、今後、上述の3形態の接合部への集約と汎用性の高い力学モデルの確立に取り組んでいきたいと考えています。

　最後に、近年の合成・混合構造に関する研究の主流の一つとして、CLTに代表される木質パネルを鉄骨あるいはRCフレームに耐震壁として組み込む工法の開発が挙げられます。その研究模様は、さながら1990年代のRCS構造に関する研究と重なるかのような精力的なもので、研究事例も年々増加しています。このたび65周年を迎えられる桝谷設計は、その立地条件を活かして木造・木質構造の建物の設計に関する数多の実績があります。今後、冒頭にも記したとおり、建物に求められるニーズがますます複雑化かつ深淵化する一方で、御社には、是非、木材を用いた新しい合成・混合構造の建物の設計も手掛けていただきますことを祈念します。

馬場 望

大阪工業大学工学部建築学科教授
博士（工学）

1970年	奈良県生駒市生まれ
1996年	大阪工業大学工学部 建築学科卒業
1998年	大阪工業大学大学院 工学研究科博士前期課程 建築学専攻修了
2001年	大阪工業大学大学院 工学研究科博士後期課程 建築学専攻修了 大阪工業大学工学部 建築学科講師
2008年	大阪工業大学工学部建築学科 講師准教授
2017年～	現職

【専門】　建築構造（鋼・コンクリート混合構造）

【著書】　「鋼コンクリート構造接合部の応力伝達と抵抗機構」（日本建築学会、2011年）、「鉄筋コンクリート柱・鉄骨梁混合構造設計指針」（日本建築学会、2021年）、「鋼・コンクリート機械的ずれ止め構造設計指針」（日本建築学会、2022年）

【桝谷設計の65年のあゆみ SINCE 1960-2025】

1960年代 | 1970年代 | 1980年代

1960 61 62 63 64 65 66 67 68 69 1970 71 72 73 74 75 76 77 78 79 1980 81 82 83 84

桝谷設計の沿革

- ●奈良県吉野町に 桝谷1級建築士 事務所開設
- ●法人組織に変更 株式会社桝谷建築設計事務所設立 代表取締役社長に桝谷博行就任
- ●株式会社桝谷設計に商号変更
- ●京都事務所設立
- ●奈良事務所 所長・管理建築士に五十嵐要朔就任
- ●奈良事務所設立
- ●本店及び奈良事務所移転 社屋建設（奈良市大宮町）

設計業務の変遷

- ●設立当初は 民間事務所・工場の 設計受注が主であった
- ●生徒急増により 小・中・高等学校の 建設需要が増える
- ●わかくさ国体開催に伴い 体育館の建設が相次ぐ
- ●住宅金融公庫融資住宅・ レジャー産業・ホテル・旅館

各年代の主な作品

- ●奈良県立桜井高等学校
- ●奥城之崎シーサイドホテル
- ●サンタウン高の原 ショッピングセンター
- ●町立大淀病院
- ●観光旅館南大門
- ●大神神社社務所
- ●王寺町文化 福祉センター
- ●田原本町中央体育館
- ●天理総合体育館
- ●奈良県信用保証協会
- ●月ヶ瀬村庁舎
- ●上北山村山村振興センター
- ●天川村山村開発センター
- ●御杖村山村開発センター
- ●大同生命保険 奈良支店ビル
- 山崎屋本店●
- 慈光院方丈●

大和郡山市立北小学校（1969年）

大和郡山市立北小学校●

天川村山村開発センター（1974年）

- ●御杖村庁舎
- ●ボーリング（奈良・新庄・田原本・ 伊賀上野・名古屋市万場）
- ●奈良県 中小企業会館

設計界・社会の動向

- ●メートル法実施
- ●メタボリズム
- ●建築物軒高 制限緩和
- ●都市計画法公布
- ●高層化時代の幕開け
- ●ポストモダニズム
- ●新耐震基準公付
- ●沖縄本土復帰
- ●オリンピック 東京大会開催
- ●大阪万国博覧会
- ●伊豆大島・近海地震
- ●宮城沖地震
- ●わかくさ 国体開催

1960 61 62 63 64 65 66 67 68 69 1970 71 72 73 74 75 76 77 78 79 1980 81 82 83 84

【桝谷設計の65年のあゆみ SINCE 1960-2025】

1980年代　1990年代　2000年代

1986　87　88　89　1990　91　92　93　94　95　96　97　98　99　2000　01　02　03　04　05　06　07　08　09

桝谷設計の沿革

- ●代表取締役社長に五十嵐要朔就任
- ●本店及び奈良事務所移転 新社屋建設移転（現所在地）
- ●関西学研都市事務所を 京都事務所と名称変更
- ●ISO9001認証取得
- ●代表取締役社長に 中元綱一就任
- ●関西学研都市 事務所開設 管理建築士に 笹尾政徳就任
- ●大阪事務所開設 管理建築士に 中上博功就任
- ●奈良事務所 管理建築士に 寺下浩明就任
- 大阪事務所 管理建築士に上田義雄就任●

設計業務の変遷

- ●生涯教育・コミュニティ・ 福祉への関心が高まり始める
- ●CASBEE運用開始

各年代の主な作品

- ●奈良県桜井 土木事務所庁舎
- ●月ヶ瀬文化センター
- ●安堵町 カルチャーセンター
- ●奈良県経済倶楽部
- ●大倭病院
- ●香芝市立 真美ケ丘西小学校
- ●奈良県田原本 総合リハビリセンター
- ●サンタウン高の原（ひまわり館）
- ●香芝市ふたかみ文化センター
- ●木津町立相楽台小学校
- ●橿原警察署庁舎
- ●安堵町庁舎
- ●新庄町健康福祉センター
- ●西部生涯スポーツセンター
- ●王寺町やわらぎ会館
- ●吉野三町村 老人福祉施設
- ●奈良県身体障害者 療護施設
- ●斑鳩町斉場
- ●川上村総合センター
- ●奈良県護国神社参集所
- ●新庄町体力づくりセンター
- ●御杖温泉
- ●奈良県立図書情報館
- ●奈良県動物愛護センター
- ●大淀町立 桜ヶ丘小学校

川上村総合センター（2002年）

住宅都市整備公団京都南部事務所（1989年）

- ●住宅都市 整備公団 京都南部事務所

奈良県身体障害者療護施設（1996年）

設計界・社会の動向

- ●バブル最盛期
- ●阪神・淡路大震災
- ●金融ビッグバン
- ●介護保険法の施工
- ●リーマンショック
- ●エコロジー、環境問題
- ●耐震改修促進法施工
- ●改正建築士法 構造設計一級建築士 設備設計一級建築士
- ●普賢岳噴火
- ●建築基準法抜本改正
- ●バブル崩壊
- ●指定期間検査機関業務開始
- ●構造適合判定施工

1986　87　88　89　1990　91　92　93　94　95　96　97　98　99　2000　01　02　03　04　05　06　07　08　09

2010年代　2020年代

	2010	11	12	13	14	15	16	17	18	19	2020	21	22	23	24	25

桝谷設計の沿革

●奈良事務所 管理建築士に吉田健一就任

大阪事務所 管理建築士に寺下浩明就任●

京都事務所 管理建築士に畑中康司就任●

●大阪事務所 移転（現所在地）

●奈良事務所 管理建築士に中元綱一就任

●京都事務所を奈良事務所に統合

●ZEBプランナー登録

設計業務の変遷

●地球温暖化対策の推進

●バリアフリー改修
●耐震補強改修
●省エネルギー改修

●ZEBロードマップ策定

●SDGs実施指針決定

●設計BIMワークフロー

建築基準法改正●

各年代の主な作品

●橿原観光交流センター
●桜井市立桜井小学校
●ホテル杉の湯大規模改修工事

●木津川市
　木津町商工会議所
●積水技研本社
　物流センター

ヤマトー八木店●

●なら食と農の魅力創造国際大学校
　安倍校舎
●三郷町立学校給食センター
●奈良県立大学地域交流棟

●高畑裁判所跡地庭園内茶室
●下北山村立下北山保小中合同校舎

●葛城市立磐城小学校附属幼稚園
●まほろば健康パーク屋外プール
●御杖村小中学校統合施設
　（長寿命化改修事業）
●吉野さくら学園（小中一貫教育校）

●金峯山寺二王門素屋根
●山辺高校 管理教室棟
●井上定物流センター
　　●サンライフ学園前

道の駅クロスウェイなかまち●

岩井ビル店舗付き住宅●

なら食と農の魅力創造国際大学校 安倍校舎（2015年）

奈良県中央●
子ども家庭相談センター
奈良公園管理事務所●
平成まほろば病院●

●能瀬精工 新本社
●道の駅かつらぎ

●住宅型有料老人ホーム
　プレミアムビオスの丘
●米田薬品 五條工場
●富田林きらめき創造館

●介護老人保健施設
　夢眠やまざくら
●ゆめの樹保育園

障害者支援施設●
　あけみどり
大神神社 三輪山会館●
SRシステム●
大和郡山工場

道の駅クロスウェイなかまち（2024年）

大神神社 三輪山会館（2019年）

山添村認定こども園きらり●
下北山村役場庁舎●
米田薬品工業●
五條工場第2工場

設計界・社会の動向

●平城遷都1300年

●東日本大震災

アメリカ合衆国大統領にトランプ氏就任●

●「建築士法の一部を改正する法律案」が成立

●選挙権18歳以上に

●築地市場の豊洲への移転問題

●女性賃金が過去最高

●平成から新元号が令和へ

●新型コロナウイルスの感染が世界的に拡大

●東京オリンピック開催

●安倍元首相銃撃事件

●能登半島地震

	2010	11	12	13	14	15	16	17	18	19	2020	21	22	23	24	25

会社概要

株式会社 桝谷設計

創業年月	1960年1月
創立年月	1965年7月
資本金	35,000千円

業務内容　①建築の設計監理（構造／設備／インテリア）
　　　　　　　ISO9001認証範囲
　　　　　　②地域計画（まちづくり策定業務／街並修景計画）
　　　　　　③調査業務
　　　　　　　（建物実測／利用価値評価／耐震・耐力度調査）
　　　　　　④ZEB化の設計・コンサルタント業務

事業所登録　一級建築士事務所
　　　　　　　奈良県知事登録　第2024(れ)35号
　　　　　　　代表取締役　中元　綱一
　　　　　　　一級建築士事務所
　　　　　　　大阪府知事登録　（へ）第16022号
　　　　　　　大阪事務所長　寺下　浩明

事業所　　**本社**
　　　　　　〒630-8042
　　　　　　奈良市西ノ京町101番地の1
　　　　　　TEL　0742-34-1461
　　　　　　FAX　0742-34-3218
　　　　　　大阪事務所
　　　　　　〒578-0901
　　　　　　東大阪市加納6丁目16-4-313
　　　　　　TEL　072-800-3480
　　　　　　FAX　072-800-3481

2019－2025

作品抄

Anthology Works

吹田市 日の出町児童センター

所在地　大阪府吹田市日の出町／建築主　吹田市／用途　児童厚生施設（児童センター）／施工　寿功建設／構造・規模　S造　地上2階／建築面積 547.65㎡／延床面積 935.12㎡／竣工　2025年予定

本計画は、老朽化している児童会館の移転建替工事で、日の出町児童センターとして児童の健全育成と子育て支援のための拠点を整備するものである。外観は、児童の健全育成と子育て支援のための拠点として「広場とつながる、まちの縁側空間」を掲げ、「木」「レンガタイル」「大きな窓」を組み合わせた素朴で親しみのある開放的な計画としている。内装は外部と内部のつながりを大切にしつつ「子どもたちを育む、大きなクスノキ」をコンセプトに掲げ、吹田市民の木である「クスノキ」の素朴であたたかく力強いイメージを取り入れている。

下北山村
国民健康保険診療所

所在地　奈良県吉野郡下北山村／建築主　下北山村／用途　診療所／施工　森下組／構造・規模　W造　平屋建て／建築面積 414.08㎡／延床面積 366.09㎡／竣工　2025年予定

きなりの郷下北山村らしい、人・森・村の健康と生活を支える木造の診療所をコンセプトに設計した。本施設は、地域の医療に求められる機能（内科・歯科診療、救急対応、在宅医療、発熱外来、遠隔診療、院内薬局）を満たす、地場産材でつくる木造平屋の診療所として計画した。又、診療所と庁舎・体育館（避難所）・駐車場・小学校の記憶が残る緑地をプロムナード（遊歩道）で繋ぐことにより、「人・森・村の安全で健康な生活を支える公共施設群」としての機能を持たせた。建物平面はコンパクトな長方形、尺モジュールとし、ゾーニングや動線に配慮して必要諸室を配置するなど、合理的な平面計画としている。

南都銀行明日香支店

所在地　奈良県高市郡明日香村／建築主　㈱南都銀行／用途　銀行／施工　大和リース／構造・規模　S造　地上2階／建築面積 233.63㎡／延床面積 350.17㎡／竣工　2025年予定

計画地は、日本で唯一全域が古都保存法対象地域の明日香村の玄関口である近鉄飛鳥駅の駅前広場に位置している。配置計画は、店舗を駅前ロータリーに面した南側に配置し、一般利用も可能な来客駐車場を北側奥に計画している。風致地区規制に適合させるため、外壁を白漆喰をイメージした風土色塗装、屋根を切り妻の瓦屋根にすると共に、開口部を大型サッシとした。日本のふるさと明日香村の景観に調和した地域に開かれた銀行として、親しみやすく品格のある佇まいを創り出している。

南都銀行田原本支店

所在地　奈良県磯城郡田原本町／建築主　㈱南都銀行／用途　銀行／施工　大和ハウス工業／構造・規模　S造　地上2階／建築面積 502.85㎡／延床面積 759.64㎡／竣工　2025年4月予定

計画地は、県道王寺田原本桜井線（計画道路16ｍ）と町道田原本12号線に挟まれた南北に長い敷地に位置している。周辺に残る伝統的な商家建築の塗籠土蔵造りと連子格子をモチーフとした、黒漆喰調タイルと日射を遮る格子ルーバーで地域と調和する品格のある銀行を表現している。エントランスは、伸びやかで開放的な地域に開かれた窓口をイメージしてデザインした。ZEB化要素技術として、熱負荷を抑制する庇、ルーバー、高性能ガラス、高断熱外壁に加え、パッシブ手法としての自然換気や、アクティブ手法としての太陽光発電パネルを採用している。

大阪市横堤中学校屋内体育館

●プロポーザル特定作品

所在地　大阪府大阪市鶴見区／建築主　大阪市／用途
屋内体育館／施工　今西組、鳥谷電気商会、北岡設備
／構造・規模　ＲＣ造　地上2階／建築面積 936.89
㎡／延床面積 888.52㎡／竣工　2025年3月予定

大阪市鶴見区横堤中学校の屋内体育館の老朽化に伴う建て替えの設計である。既設と同じ位置に同等の屋内体育館を渡り廊下にて繋ぐ計画となっている。平面計画としては1階が体育館、2階は放送機器室等となっている。またバリアフリーに対応した多機能トイレを設けており、各建物間の動線もバリアフリーに配慮した設計となっている。屋内体育館を増築するにあたり、既存建物の法適合性の調査に加え、改修工事の設計も併せて行い、学校全体としてもより安全で安心な施設となった。

興福寺五重塔 素屋根

●プロポーザル特定作品

所在地　奈良県奈良市登大路町／建築主　奈良県／用途
建築用仮設足場（素屋根）／施工　清水建設・尾田組・
中和コンストラクションJV／構造・規模　S造　地上6
階／建築面積 1,525.88㎡／延床面積 5,016.63㎡／
竣工　2025年3月予定

天平の文化空間を構成する象徴としての国宝興福寺五重塔を未来に引き継ぐ修理のための素屋根づくりをコンセプトに設計した。史跡興福寺旧境内及び奈良公園内ということもあり、基礎は掘削を伴わない置き基礎としている。内部はEV、ホイストクレーン、垂直搬送口、登り桟橋等保存修理を安全に行う為の施設を設けている。また解体した瓦等の保存棚も各所に配置している。保存修理に伴い記録を行うことにも配慮した足場の広さや高さとしている。

南都銀行箸尾支店

所在地　奈良県北葛城郡広陵町／建築主　㈱南都銀行／用途　銀行／施工　森下組／構造・規模　S造　平屋建て／建築面積 346.85㎡／延床面積 335.95㎡／竣工　2025年2月予定

計画地は、歴史的な古墳群が点在する馬見丘陵の東に位置し、近年では工業地域として発展が期待される地域でもある。本計画では、周辺環境と調和し、地域の持続可能な発展に貢献する平屋の銀行店舗として、開放的で親しみやすく環境にも配慮したルーバー付きのガラス張りの店舗部分と、馬見丘陵との景観的な対峙及び、町道笠ハリサキ線からのシークエンス（移動することで変化していく景色）に配慮し、高さに変化を持たせた壁面を組み合わせている。地域に開かれた親しみやすい低層の店舗でありながら、西側の馬見丘陵と対峙する銀行建築としての品格を両立させることを意図している。

奈良中央信用金庫 南奈良支店

所在地　奈良県奈良市永井町／建築主　奈良中央信用金庫／用途　信用金庫／施工　尾田組／構造・規模　S造　地上2階／建築面積 320.73㎡／延床面積 589.05㎡／竣工　2025年2月予定

「街道沿いのランドマーク、地域の未来を繋ぐ金融拠点」
　幹線道路沿いという立地を最大限に活かし、視認性の高いデザインと利便性を兼ね備えた金融拠点を目指し計画を進めた。太陽光パネルや省エネ設備を導入し環境負荷の軽減を図り、また奈良の景観に調和する色彩を施し地域の文化や美観を尊重しながら持続可能なデザインとしている。地域との強い結びつきを重視し、地域特性やニーズに応じた柔軟なサービスを提供し、地域社会の未来を支える金融機関としての役割を果たすことが期待される金融機関である。

岩井ビル 店舗付き住宅

所在地　奈良県奈良市西ノ京町／建築主　岩井様／用途　サービス店舗、事務所、住宅／施工　崎山組／構造・規模　S造　地上3階／建築面積　356.43㎡／延床面積 1,017.22㎡／竣工　2024年11月

大阪ガスサービスチェーン事業およびリフォーム事業を京都南部から奈良北部の広域で展開する老舗企業の本社ビルである。計画地は、薬師寺と対峙する幹線道路の交差点に位置し、計画に際して、交差点拡幅のための土地収用事業との整合、奈良市景観条例改正に伴う新基準への適合が求められた。外壁は1・2階部分を木調、3階住宅部を低彩度の色調とすることで景観基準に適合した古都ならに相応しい複合ビルを目指した。

道の駅クロスウェイなかまち

●プロポーザル特定作品

所在地　奈良県奈良市中町／建築主　奈良県／用途　道の駅（休憩施設、情報提供施設、地域復興施設、防災備蓄倉庫）／施工　山上組・中村建設JV、藤原電気工業・竹村電気JV、森村設備・野矢設備工業所JV／構造・規模　S造　平屋建て／建築面積 2,138.80㎡（計4棟）／延床面積 2,084.56㎡（計4棟）／竣工　2024年9月

囲造り大和棟造りをイメージした3棟分棟型の切妻屋根とすることで、歴史的景観を形成し、背後の丸山古墳や矢田丘陵とも調和したデザインとしている。屋内外での視覚的な連続性をもたせ、部分的に縦格子も取り入れ、奈良らしさを表現している。この辺りが奈良街道とシルクロードの交わる地域であることから、内観は北側2棟をシルクロードのシルクをイメージして、白を基調としたクロス下地のペンキ仕上、南棟を奈良街道の土壁をイメージした吹付仕上とした。防災道の駅として、軽量天井の採用、非常用発電機、防災倉庫の設置を行っている。

米田薬品工業五條工場第2工場

所在地　奈良県五條市住川町／建築主　米田薬品工業㈱／用途　医薬品工場／施工　森下組、ダイキンAPS、松田電気／構造・規模　S造　地上4階／建築面積　4,033.46㎡／延床面積　13,411.80㎡／竣工　2024年6月

米田薬品工業はより安全・高品質・優れた効き目の医療品づくりに取り組む会社で、本医薬品製造工場を計画するにあたって、より高品質な医薬品製造が行える場を目指すこと、社員の元氣に供する環境をつくることの2点が重要だと考えた。医薬品製造を支えるクリーンルームを象徴した「白い壁」に、避難・リフレッシュ・メンテナンスに寄与する開口部とバルコニーを「大きな窓」として計画した。外壁にイソバンドPro、屋根にイソダッハR（金属断熱サンドイッチパネル）の断熱性の最良のものを提案した。

下北山村役場庁舎

所在地　奈良県吉野郡下北山村／建築主　下北山村／用途　事務所／施工　森下組／構造・規模　RC造　地上3階／建築面積　694.65㎡／延床面積 1,781.81㎡／竣工　2024年3月

下北山保小中合同校舎竣工に伴い、利用しなくなった旧小学校校舎をコンバージョンし、役場庁舎として利用したものである。外観は、既存の周辺環境や村の景観との調和を守りつつ、一部、既存のバルコニー手摺を撤去し、アルミ製の黒色の竪樋を採用してイメージを一新した。内観は、地場産木材を使用し、来庁者が下北山村らしさを感じる空間とした。人、森、村がつながる開かれた役場庁舎を具現化し、村民と共に健康で生き生きとした「元気」、しっかりと生きる「本気」、出会いとときめきの「人気」のある持続可能な下北山村を創造する庁舎を目指した。

山添村
認定こども園きらり

所在地　奈良県山辺郡山添村／建築主　山添村／用途　認定こども園／施工　藤本建設／構造・規模　S造　平屋建て／建築面積 1,040.10㎡／延床面積 937.23㎡／竣工　2024年3月

山添村では、教育面の充実を図ることが村の発展につながると考え、認定こども園の建設が計画された。村独自の学びの場として人材育成を進める計画であり、こども達のためだけでなく村民にも開放し地域全体で子育てができるような園にするため、村民とのワークショップを何度も繰り返して完成したこども園である。園庭は地形を生かして、斜面のまま残し、一部を平場とした。自然が遊具であり、自分たちで遊びを考えることを意図して、既製遊具は階段に設置した滑り台のみとした。建物中心に「土間ホール」があり、西側は保育を行うプライベートエリア、東側は地域に開放するオープンエリアとして計画している。子育て支援室は、外部から直接入れ気軽にゆっくり相談できる空間とした。

桃俣地区 公衆トイレ

所在地　奈良県宇陀郡御杖村大字桃俣／建築主　御杖村／用途　公衆トイレ／施工　松塚建設／構造・規模　W造　平屋建て／建築面積 34.95㎡／延床面積 33.13㎡／竣工　2024年3月

計画地は、観光案内所と伝統の太鼓等の保存用倉庫が隣接し、青蓮寺川とその支流が出会う隠地橋のたもとに位置している。この施設を単なるパブリックトイレとしてだけでなく、休憩所・観光案内所を備えた、街道沿いの出会いの場となるギャラリー「回廊」として機能する公共空間としたいと考えた。トイレ・待合（観光案内所）を回廊で繋ぎランドスケープとも連続させることで、安全で快適で美しい空間と景観の創出を目指した。

サンライフ学園前

所在地　奈良県奈良市学園大和町／建築主　医療法人　清和会／用途　介護老人保健施設・クリニック／施工　大倭殖産／構造・規模　RC造　地上4階／建築面積 1,057.60㎡／延床面積 3,660.14㎡／竣工　2023年11月

1階にクリニック（腎内・透析センター）が併設された介護老人保健施設である。透析可能なクリニックが併設されている福祉施設はまだ少なく、高齢社会において地域医療に重要な役割を担う施設である。敷地周辺は住宅が多い閑静な街並みであり、落ち着いて療養できる環境である。周辺の景観に調和させた外観と、安心・くつろぎが感じられる心理的効果を促す照明や色彩計画を施し、明るく開放的であり利用者が心地よく過ごせるような空間が実現した。

奈良中央信用金庫 畠田支店

所在地　奈良県北葛城郡王寺町／建築主　奈良中央信用金庫／用途　信用金庫／施工　楠本工務店／構造・規模　S造　地上2階／建築面積 277.38㎡／延床面積 445.84㎡／竣工　2023年3月

地域経済の活性化の役割を担う地方金融機関の支店である。「人と環境に優しい店舗づくり」をテーマに掲げ、環境配慮・地域貢献・景観の向上をコンセプトに計画を進めた。同金庫の店舗では初となる太陽光発電の設置を行い、ロビー等の室内の壁や天井材には奈良県産の杉材を採用している。正面となる1階はガラス張り、2階は目隠しの役割を持つ再生木ルーバーを設け対比したデザインにすることで印象に残るような外観とした。

西の京病院介護医療院

所在地　奈良県奈良市六条町／建築主　医療法人 康仁会／用途　介護医療院／施工　崎山組／構造・規模　S造　地上3階（増築）、RC造　地上3階（既存）／建築面積 709.21㎡（増築）、3,509.25㎡（既存）／延床面積 1,802.37㎡（増築）、6,825.60㎡（既存）／竣工　2023年3月

本計画は介護老人保健施設と医療療養病棟の中間の性格を持つ、介護医療院の奈良県内初めての新築であり、病院併設の既存介護老人保健施設の敷地内に増築を行った。景観重点地区内であるため勾配屋根を基本とし、一部設備スペースを陸屋根としたが、パラペットに屋根を設け、周辺から見上げた際に勾配屋根に見えるように配慮した。4床室を11室、個室を4室、1階に機能訓練室や機械浴室を設け、既存介護老人保健施設と渡り廊下でつなぐことで利便性や食事の配膳、ベッドでの避難を考慮した。

桜井市内店舗

所在地　奈良県桜井市芝／建築主　㈱カワイ／用途　店舗／施工　中尾組／構造・規模　S造　平屋建て／建築面積 547.00㎡／延床面積 498.86㎡／竣工　2022年11月

本計画は桜井市三輪山近くに所在する築40年を超えた店舗の建替えであり、老朽化に伴う従業員の衛生・労働環境、及び厚生施設の改善を目的として計画された。建物はHACCPに沿った商品の安全性・衛生面確保のため、各設備選定や平面計画の動線等を考慮した。また、既存店舗にて販売量に対して不足していた冷凍庫の確保や従業員が使用する作業室内の設備の充実・改善を図った。

井上定物流センター

東大阪金物団地にある、外装・外構・住宅設備の専門商社物流センターである。周辺環境との調和に配慮しつつ、物流機能に加え、消費者の夢をかなえる取り扱い商品のストックヤードに相応しい、フェーシング・エクステリア・ファシリティーが融合した品格のある環境共生型物流センターとして計画した。外壁の金属断熱サンドイッチパネルと卓越風（日中の南西風）や大阪平野東部冷気流（早朝の南東風）を取り込める、アルミサッシによるファサードを構成すると共に、道路に面した中高木緑化とペイブメントによるエクステリアデザインにも工夫をこらしている。

所在地 大阪府東大阪市／建築主 井上定㈱／用途 倉庫／施工 大和ハウス工業／構造・規模 S造 地上2階／建築面積 1,688.92㎡／延床面積 1,854.52㎡／竣工 2022年11月

山辺高校 管理教室棟

山辺高校の校舎（管理棟）の建替工事である。農業を学べる山辺高校の特徴を表現する為、壁は農業に欠かせない土をイメージした土壁調の吹付とした。連続する柱はコンクリート打ち放しとし、壁面の土壁調仕上げと異なる仕上げとすることで、シンプルでありながら、無機質にならないように柱と壁でメリハリをつけ、自然景観に配慮したデザインとした。窓は大きくとり外観のシンプルさを引きたて、また室内環境にも配慮した。窓上部には庇を設けることで日射を抑えるとともに、最上部には軒の深い庇を設け奈良らしい表構えを形成した。

所在地 奈良県奈良市都祁友田町／建築主 奈良県／用途 高等学校／施工 米杉・谷JV、藤村・竹村JV／構造・規模 RC造 地上4階／建築面積 1,081.59㎡／延床面積 2,976.6㎡／竣工 2022年3月

郡山高校 新特別教室棟

旧理科館の解体に伴う新理科館の建て替えであり、郡山城二の丸跡に建つ高等学校として、瓦・白壁等をイメージした色彩とすると共に、既存棟との調和を考慮し、柱・梁を見せるデザインとした。風致地区規制により勾配屋根とした。外壁は全体を薄いグレー、柱は濃いグレーとし変化をつけた。郡山城天守台展望施設や道路からの視線に配慮し、南側に天文ドームを配置した。

所在地　奈良県大和郡山市城内町／建築主　奈良県／用途　高等学校／施工　山上・中西JV／構造・規模　RC造　地上3階／建築面積 441.78㎡／延床面積 758.57㎡／竣工　2022年3月

金峯山寺二王門 素屋根

●プロポーザル特定作品

国宝金峯山寺二王門の保存修理工事に係る全天候型仮設足場である。内部には保存修理の為のクレーンと足場を設けている。解体部材の格納棚と木材加工場も併設している。二王門は史跡名勝吉野山内となる為、掘削を伴わない置き基礎を採用している。国宝上部での作業を避ける為、東側道路上部に設けたステージで鉄骨を組立し、西側二王門に徐々に移動させるスライド工法を採用している。また二王門は敷地内石垣の上に建ち、北及び東面は県道に接しており観光地であることから、施工においては安全対策を十分にする必要があった。

所在地　奈良県吉野郡吉野山／建築主　奈良県／用途　建築用仮設足場（素屋根）／施工　奥村・松塚JV／構造・規模　S造（四角トラス材）地上3階／建築面積 934.69㎡／延床面積 2,199.90㎡／竣工　2022年2月

吉野さくら学園（小中一貫教育校）

●プロポーザル特定作品

所在地　奈良県吉野郡吉野町／建築主　吉野町／用途　小学校、中学校／施工　森下組／構造・規模　RC造　地上2階／建築面積 1,885.88㎡（増築）、2,303.29㎡（既存）／延床面積　3,031.52 ㎡（増築）、3,815.76㎡（既存）／竣工　2021年12月

吉野さくら学園は、奈良県吉野町において小中一貫教育を実践するために整備された施設一体型の学校である。吉野町は日本最古の植林の歴史を持つ地域であり、豊かな自然環境に恵まれている。新設する小学校の内装は木の町に相応しく、ふんだんに木材を使用し、建具やサイン、レリーフに至るまで全ての木材を吉野町産とした。温かみのある有機的な環境づくりに配慮し、ふるさと吉野への思いを育む教育の一端として、木のぬくもりを生かした居心地よく愛着の感じられる空間づくりを目指した。

サンスクリット西大寺

所在地　奈良県奈良市西大寺南町／建築主　三和住宅㈱／用途　共同住宅（賃貸）、事務所、学習塾／施工　三和建設／構造・規模　RC造　地上7階／建築面積　584.60㎡／延床面積 3,180.83㎡／竣工　2021年9月

サンスクリット西大寺は、整備が行われ利便性が高くなった近鉄大和西大寺駅に近接した立地に計画された共同住宅と貸事務所で構成された複合ビルである。共同住宅部は、シンプルで美しい住み心地をコンセプトとし計画を行った。外観は街並みに相応しく落ち着きのある色調とし、木調ルーバーやガラス手摺で変化を持たせている。エントランスや内廊下とした共用廊下は統一感のあるデザインとし、間接照明を効果的に用いて空間に広がりを感じさせる設えとした。

御杖村小中学校統合施設
（長寿命化改修事業）
●プロポーザル特定作品

所在地　奈良県宇陀郡御杖村／建築主　御杖村／用途　義務教育学校／施工　村本・松塚ＪＶ／構造・規模　S造　地上3階（増築）　RC造　地上3階（既存）／建築面積 181.86㎡（増築）、2,103.50㎡（既存）／延床面積 225.52㎡（増築）・3,721.01㎡（既存）／竣工　2021年8月

昭和40年に完成した旧御杖中学校（築55年）を小中一貫校施設として改修し、今後更に50年の使用を目標とした長寿命化及びバリアフリー化の改修工事を行った。外観は御杖村に伝わる、倭姫命「やまとひめのみこと」が、日本武尊「やまとたけるのみこと」に授けた草薙剣「くさなぎのつるぎ」をイメージしたライトシェルフ（自然光反射庇）により校舎に彩りと品格を与えた。また、外壁仕上を彩度明度を押さえた風土色（ふるさとの土）の土壁調仕上げとすることで、背景の山の緑と色彩的な調和が図れるようにした。

まほろば健康パーク　屋外プール
膜屋根及び観客席等整備
●プロポーザル特定作品

所在地　奈良県大和郡山市宮堂町／建築主　奈良県／用途　観覧場／施工　奥村・大倭ＪＶ（建築）、新栄電設工業（電気）、森村設備（機械）／構造・規模　RC造一部SRC造、S造、骨組膜構造、地上2階／建築面積 1,014.65㎡（増築）／延床面積 2,346.20㎡（増築）／竣工　2021年6月

既存屋外50ｍプールの観客席増設と膜屋根設置工事であり、全国規模の大会が開催できるよう、西側芝生席に新たに観客席を設け、南側に2階を増築し、観客席を約2倍の合計3,000席に増やした。熱中症や降雨対策として南側・西側・東側観客席に膜屋根を設置し、自然光を取り入れ明るく開放的な空間を確保した。南側観客席下には選手控室、トイレなどを整備した。

養護盲老人ホーム慈母園

所在地　奈良県高市郡高取町／建築主　社会福祉法人壷阪寺聚徳会／用途　養護盲老人ホーム／施工　中尾組／構造・規模　S造　地上3階／建築面積　808.54㎡／延床面積 2,221.08㎡／竣工　2021年5月

昭和36年に目の不自由な方の為の養護盲老人ホームとして壷阪寺境内に開園した慈母園を、創立60周年を迎えた令和3年6月に高取町清水谷に新築移転した。「思いやりの心を広く深く」という法人の理念のもと、目の不自由な方が安心安全な生活が送れるよう、使い勝手や施設内でのルールなどについて施設職員の意見を取り入れながら設計を行った。外壁はリブ付きのALCを採用し、サッシと調和する室外機置場を設置する事で、外観デザインが単調にならないように心がけた。

千年希望の杜 大和郡山

所在地　奈良県大和郡山市矢田町／建築主　社会福祉法人慶宗会／用途　特別養護老人ホーム及び老人短期入所事業／施工　藤本建設／構造・規模　S造　地上4階／建築面積 758.47㎡／延床面積 2,660.63㎡／竣工　2021年4月

社会福祉法人慶宗会として、奈良県内で初めて開所した特別養護老人ホームである。敷地は、丘の上の風光明媚な地であり、2018年3月に竣工した夢眠やまざくらに隣接している。建物が高低差6mの法面や高低差4mの擁壁に近接していたが、可能な限り平地に配置する計画とした。各室ごとの室内用途に合わせて、壁クロスの色や床の仕上げを変え、居住者に安らぎを与える空間を目指した。

灘商事本社

所在地　奈良県吉野郡大淀町／建築主　灘商事㈱／用途　工場、事務所、倉庫／施工　藤裏工務店、大勝建設、上村電工、ヨシムラエアサプライ、村島ガラス／構造・規模　S造　地上2階／建築面積 683.36㎡／延床面積 741.39㎡／竣工　2021年4月

吉野葛製品を中心に、柿製品や土産物商品の開発・製造・発送を行い、吉野と国内外をつなぐ拠点となる本社機能を併設した工場を新築した。1階は、材料搬入から製造、発送を合理的に行える動線とし、HACCP（ハサップ）対応の製造部門は、屋外設備スペースを隣接させ、倉庫部の庇は4tウイング車が当たらない高さを基準とした。事務室には打ち合わせコーナーを配置し、来客を2階会議室へスムーズに誘導できるようにした。また2階は吉野川の風景を取り込めるコーナー窓を採用した。

葛城市立磐城小学校附属幼稚園

所在地　奈良県葛城市南今市／建築主　葛城市／用途　幼稚園／施工　森本組／構造・規模　S造　平屋建て／建築面積 1,931.00㎡／延床面積 1,801.91㎡／竣工　2021年3月

「安全・光・風を感じる園舎」をコンセプトに、園児たちの安全性を重視した平屋建てとし、職員室から保育室と園庭が見渡せるようL型の平面形状とした。廊下はハイサイドライトから自然光が入り込む開放感を、遊戯室は、傾斜天井で天井高を高く取り広い空間を感じられるようにした。周辺の山々の稜線に呼応する大きな片流れ屋根の外観は、子どもが喜ぶ原色のカラフルな列柱をアクセントとして、デザインした。

奈良県立医科大学附属病院Ａ棟改装

●プロポーザル特定作品

所在地　奈良県橿原市四条町／建築主　奈良県／用途　病院／施工　崎山組、キタムラ、きんでん、松田電気工業、ダイダン、沢設備工事／構造・規模　ＲＣ造・地上７階、地下１階／建築面積　33,605.23㎡／延床面積 144,167.81㎡／竣工　2020年10月

奈良県立医科大学附属病院において、別棟の各医局及び研修室をＡ棟内に移設する為、Ａ棟４～７階の改修工事及び外部メンテナンス通路の設置工事を行った。４階を病棟、５～７階を医局及び研究室に改修し、新しく設備工事を行うに当たり、外部に配管等を設ける為、メンテナンス用に通路の設置工事も改修に併せて行った。

下北山村立下北山保小中合同校舎

●コンペ特定作品

所在地　奈良県吉野郡下北山村／建築主　下北山村／用途　小学校、中学校、保育所、学童保育／施工　森下組／構造・規模　ＲＣ造　地上２階／建築面積 2,037.57㎡／延床面積 2,807.44㎡／竣工　2020年6月

小学校を１階、中学校を２階に配置し、正門の近くに保育所を計画した。外観は、森の木立に見立てた杉集成材の列柱をデザインに取り入れ、突風や雨の多い村の気候にも配慮した大きな屋根が特徴である。内部には地場産木材をふんだんに使用し、単調になりがちなクリア塗装の板張りにするのではなく、意味を持たせたい場には日本の伝統色を配色した。吹抜空間には保・小・中３つの統合を象徴するペンダント照明を採用している。

高畑町裁判所跡地庭園内茶室

●プロポーザル特定作品

所在地 奈良県奈良市高畑町／建築主 奈良県／用途 公園施設／施工 尾田・大倭JV／構造・規模 W造 平屋建て、塀RC／建築面積 92.27㎡／延床面積 92.27㎡／竣工 2020年5月

高畑町裁判所跡地は、中世の興福寺子院を継承する遺跡であるとともに、近代数奇者の庭園遺構でもあり、学術的・芸術的価値のある場所として保存・活用が検討されてきた。その中心となる建築群として、大正期の山口家南都別邸時代の姿を目標に、庭園に「茶室機能付き休憩所」、「腰掛待合」、「雪隠」を再現し、浮身堂近くに「門屋」を配置するとともに、敷地周囲に「築地塀」を巡らし、奈良公園の周辺環境と調和した施設とした。

奈良県信用保証協会 増築改修

所在地 奈良県奈良市法蓮町／建築主 奈良県信用保証協会／用途 事務所／施工 淺沼組／構造・規模 S造 地上2階（増築）、RC造一部S造 地上5階（既存）／建築面積 121.77㎡（増築）、1,540.70㎡（既存）／延床面積 307.74㎡（増築）、1,540.70㎡（既存）／竣工 2020年4月

協会が2020年4月をもって創業70周年を迎えるため、その記念事業としての工事である。既存執務室をVIP対応の貴賓室・応接室に改修し、職員の作業環境改善のための増築、食堂やエントランスの改修を行った。貴賓室、エントランスの壁、天井には奈良県産材の杉や桧を使用している。

大神神社 三輪山会館

所在地　奈良県桜井市三輪／建築主　宗教法人 大神神社／用途　直会殿、能楽堂／施工　竹中工務店・中尾組JV／構造・規模　RC造一部S造　地上2階／建築面積 3,167.64 ㎡／延床面積 4,872.36㎡／竣工　2019年9月

計画理念は、施設は御神徳の発揚を念願し、多くの方々にこの国の成り立ちに思いを廻らせ、歴史と文化と信仰を体感且つ吸収伝承する施設とした。又、設計方針として、日本最古の格式を考慮しながら現代の施設の利便性と近代的美観を備え、本社境内施設群との連続性と清浄感のある佇まいを持たせている。建物印象は、やすらぎ、癒し、自然との繋がり、和様そして厳かな「ハレの場」としての清々しさを追求することとした。配置計画は、隣接住宅やJR三輪駅への配慮、参道からの安全なアプローチ、庭園ごしにお山を遥拝できることを条件に、東側に庭園を、西側に直会殿・エントランスホール・能楽堂を1棟として配置するよう検討を行った。

高山ちどり別館

所在地　奈良県生駒市高山町／建築主　社会福祉法人 晋栄福祉会／用途　特別養護老人ホーム、老人短期入所施設／施工　村本建設／構造・規模　RC造地下1階、S造 地上3階／建築面積 948.65㎡／延床面積 3,059.10㎡／竣工　2019年1月

既存の高山ちどりに隣接して、本施設は接道及び公共下水を使用するため既存敷地を増やし、一体敷地とした上で開発審査会を経て開発許可を取り、別館を棟別新築した。敷地の高低差を利用し、既存の1階と同レベルを管理部門が集約した地下階とした。1階から3階の基準階には採光排煙を考慮し、上部吹き抜けの中庭を設ける計画としている。

救護施設
須加宮寮

所在地　奈良県奈良市大倭町／建築主　社会福祉法人大倭安宿苑／用途　救護施設／施工　大倭殖産／構造・規模　S造・地上2階、地下1階

ビオスの丘
三郷アネックス

所在地　奈良県生駒郡三郷町／建築主　社会福祉法人仁風会／用途　地域密着型特別養護老人ホーム／施工　吉成建設／構造・規模　S造・地上2階

ゆめの樹保育園

所在地　大阪府大阪市城東区／建築主　社会福祉法人三養福祉会／用途　保育所／施工　旭営繕建設／構造・規模　S造・地上5階

障害者支援施設
あけみどり

所在地　奈良県高市郡高取町／建築主　社会福祉法人朱鳥会／用途　障害者支援施設／施工　森下組／構造・規模　S造・地上1階

特別養護施設
グランビレッジ倉橋

所在地　奈良県桜井市大字倉橋／建築主　社会福祉法人　太陽の村／用途　地域密着型特別養護施設・グループホーム・デイサービス／施工　豊国／構造・規模　S造・地上2階

新宮信用金庫
勝浦支店

所在地　和歌山県東牟婁郡那智勝浦町／建築主　新宮信用金庫／用途　信用金庫／施工　夏山組／構造・規模　RC造・地上2階

特別養護老人ホーム
網島の郷

所在地　大阪府大阪市都島区／建築主　社会福祉法人三養福祉会／用途　特別養護老人ホーム／施工　旭営繕建設・アフェクションウォークJV／構造・規模　RC造・地上7階、地下1階

奈良市北之庄
事務所ビル

所在地　奈良県奈良市北之庄西町／建築主　某株式会社／用途　事務所／施工　大和ハウス工業／構造・規模　S造・地上2階

認定こども園
奈良市立辰市
こども園

所在地　奈良県奈良市杏町／建築主　奈良市／用途　認定こども園／施工　平井建設／構造・規模　S造・地上2階

SRシステム
大和郡山工場

所在地　奈良県大和郡山市横田町／建築主　合同会社SRシステム／用途　工場／施工　藤本建設／構造・規模　S造・地上2階

三郷町立
給食センター

プロポーザル特定作品／所在地　奈良県生駒郡三郷町／建築主　三郷町／用途　学校給食センター／施工　西松建設・楠本JV／構造・規模　S造・地上3階

能勢精工 新本社

所在地　大阪府柏原市円明町／建築主　能瀬精工㈱／用途　事務所／施工　淺沼組／構造・規模　S造・地上4階、地下1階

介護老人保健施設
鷺栖の里

所在地　奈良県橿原市四分町／建築主　社会医療法人平成記念病院／用途　介護老人保健施設（80床）／施工　大日本土木／構造・規模　RC造・地上3階

奈良中央信用金庫
ますが支店

所在地　奈良県橿原市土橋町／建築主　奈良中央信用金庫／用途　信用金庫／施工　大和ハウス／構造・規模　S造・地上2階

奈良県立大学
地域交流棟

プロポーザル特定作品／所在地　奈良県奈良市船橋町／建築主　奈良県／用途　大学（集会所）／施工　中村建設・大倭殖産JV／構造・規模　S造・地上3階

道の駅かつらぎ

プロポーザル特定作品／所在地　奈良県葛城市太田／建築主　葛城市／用途　道の駅／施工　森下組／構造・規模　S造・地上2階

キトラ古墳周辺地区
情報案内施設

プロポーザル特定作品／所在地　奈良県高市郡明日香村／建築主　近畿地方整備局、国営飛鳥歴史公園事務所／用途　情報案内施設・体験学習施設／施工　尾田組／構造・規模　W造・地上1階

奈良芸術短期大学
他1棟及び
体育館耐震改修

所在地　奈良県橿原市久米町／建築主　学校法人 聖心学園／用途　大学、高等学校、体育館／施工　奥村組／構造・規模　RC造・地上4階、地下1階（校舎）、RC造・地上2階、地下1階（体育館）

なら食と農の
魅力創造国際大学校
安倍校舎

DBプロポーザル特定作品／所在地　奈良県桜井市大字高家／建築主　奈良県／用途　大学・宿泊施設／施工　淺沼組・中尾組・中和コンストラクションJV／構造・規模　S造・地上1階

富田林きらめき
創造館

所在地　大阪府富田林市常盤町／建築主　富田林市／用途　生涯学習施設／施工　溝川組／構造・規模　RC造・地上3階、地下1階

十津川村立
十津川中学校

プロポーザル特定作品／所在地　奈良県吉野郡十津川村／建築主　十津川村／用途　中学校／施工　淺沼組（第1期工事）、奥村組（第2期工事）／構造・規模　W造一部RC造・地上2階、地下1階

歴史に憩う
橿原市博物館

所在地　奈良県橿原市川西町／建築主　橿原市／用途　宿泊施設／施工　平成建設／構造・規模　RC造・地上2階

京都市
北河原市営住宅
C・Dブロック棟

プロポーザル特定作品／所在地　京都府京都市南区／建築主　京都市／用途　集合住宅／施工　南海辰村建設／構造・規模　RC造・地上5階

春日ホテル
平成26年
改修工事

所在地　奈良県奈良市登大路町／建築主　春日ホテル／用途　宿泊施設／施工　清水建設／構造・規模　RC造・地上4階

㈱積水技研本社・
物流センター

所在地　兵庫県伊丹市鴻池／建築主　㈱積水化成品工業／用途　事務所・物流センター／施工　フジタ／構造・規模　S造・地上5階

奈良育英中学校
高等学校
校舎改築Ⅱ期B棟

所在地　奈良県奈良市法蓮町／建築主　奈良育英学園／用途　中学高等学校／施工　淺沼組／構造・規模　RC造・地上4階

桜井小学校

プロポーザル特定作品／所在地　奈良県桜井市大字谷／建築主　桜井市／用途　小学校／施工　中和・中尾・渋谷JV／構造・規模　RC造・地上3階

奈良公園
管理事務所

プロポーザル特定作品／所在地　奈良県奈良市芝辻町／建築主　奈良県／用途　事務所／施工　三和建設・森建設JV／構造・規模　W造一部S造・地上1階

介護老人保健施設
ロイヤルフェニックス
増築

所在地　奈良県奈良市六条町／建築主　医療法人康仁会／用途　介護老人保健施設／施工　淺沼組／構造・規模　RC造・地上3階

奈良中央こども
家庭相談センター

プロポーザル特定作品／所在地　奈良県奈良市紀寺町／建築主　奈良県／用途　社会福祉施設／施工　（建築）三和建設・森建設JV、（電気）藤原電気工業、（機械）福井水道工業／構造・規模　RC造・地上4階

福寿館

所在地　奈良県橿原市十市町／建築主　福寿館／用途　レストラン／施工　槇峯建設／構造・規模　S造・地上2階

森田ビル

所在地　奈良県奈良市高天町／建築主　森田氏／用途　事務所／施工　淺沼組・三和建設／構造・規模　RC造・地上6階、地下1階

恵和ビル

所在地　奈良県奈良市高天町／建築主　㈱恵和／用途　事務所ビル／施工　鍛冶田工務店／構造・規模　S造・地上5階、地下1階

まきの苑ラコントレ

所在地　奈良県五條市大沢町／建築主　社会福祉法人 正和会／用途　老人福祉施設（特別養護老人ホーム）／施工　村本建設・藤井組／構造・規模　RC造・地上6階

やまぶきホール

コンペ当選作品／所在地　奈良県吉野郡川上村／建築主　川上村／用途　文化福祉施設／施工　清水建設・淺川組・中尾組／構造・規模　RC造一部S造・地上3階

奈良県護国神社　参集所

所在地　奈良県奈良市古市町／建築主　奈良県護国神社／用途　神社／施工　淺川組／構造・規模　S造・地上1階／

奈良県動物愛護センター

プロポーザル特定作品／所在地　奈良県宇陀市大字陀小附／建築主　奈良県／用途　事務所（動物愛護センター）／施工　村本建設・松塚建設／構造・規模　RC造・地上1階

大淀町立大淀桜ケ丘小学校

プロポーザル特定作品／所在地　奈良県吉野郡大淀町／建築主　大淀町／用途　小学校／施工　奥村組・森組・仲川組／構造・規模　RC造・地上3階

大悲院

所在地　奈良県五條市西吉野町／建築主　大悲院／用途　寺院／施工　今西工務店／構造・規模　W造・地上1階

奈良先端大学院　交流棟

所在地　奈良県生駒市高山町／建築主　奈良先端大学院大学／用途　共同住宅／施工　淺川組／構造・規模　RC造・地上4階

ケアハウス 茂毛蕗園

所在地　奈良県奈良市大倭町／建築主　社会福祉法人 大倭安宿苑／用途　ケアハウス／施工　大倭殖産／構造・規模　RC造・地上4階

奈良朱雀高等学校 実習棟

所在地　奈良県奈良市柏木町／建築主　奈良県／用途　高等学校／施工　中村建設・山上組・大倭殖産／構造・規模　RC造・地上4階

奈良市北部会館

所在地　奈良県奈良市右京／建築主　奈良市／用途　公共施設（老人福祉・集会・図書館）／施工　淺川組・山上組・大倭殖産・中村建設・三和建設・尾田組・万葉建設／構造・規模　RC造・地上4階、地下1階

御杖温泉

所在地　奈良県宇陀郡御杖村／建築主　御杖村／用途　公衆浴場／施工　村本建設／構造・規模　RC造・地上1階

奈良育英中・高校舎（第1期）

所在地　奈良県奈良市法蓮町／建築主　奈良育英学園／用途　中学校・高等学校／施工　淺沼組／構造・規模　RC造・地上4階

吉野町立吉野中学校

所在地　奈良県吉野郡吉野町／建築主　吉野町／用途　中学校／施工　村本建設・藤裏工務店／構造・規模　RC造・地上2階

ウェルネス新庄

所在地　奈良県葛城市笛堂／建築主　新庄町／用途　温水プール／施工　鍛冶田工務店／構造・規模　RC造一部SRC造・地上2階

奈良県立図書情報館

プロポーザル特定作品／所在地　奈良県奈良市大安寺西／建築主　奈良県／用途　図書館／施工　奥村組・淺沼組・村本建設・淺川組・中村建設・尾田組／構造・規模　SRC造・地上3階、地下1階／共同設計　日本設計

斑鳩町文化財センター

所在地　奈良県生駒郡斑鳩町／建築主　斑鳩町／用途　地方公共団体の支所／施工　村本建設／構造・規模　RC造・地上1階

橿原観光交流センター

所在地　奈良県橿原市内膳町／建築主　橿原市／用途　観光交流センター／施工　青木あすなろ建設・ヒロタ建設／構造・規模　RC造・地上5階

香芝市ふたかみ文化センター

所在地　奈良県香芝市藤山／建築主　香芝市／用　途　公共施設／施工　奥村組／構造・規模　S造・地上3階、地下1階

橿原神宮会館

所在地　奈良県橿原市久米町／建築主　橿原神宮／用途　会館／施工　奥村組／構造・規模　RC造・地上2階

生駒市健康センターセラビーいこま

所在地　奈良県生駒市東新町／建築主　生駒市／用途　健康センター／施工　大日本土木／構造・規模　SRC造・地上6階

無動寺本堂

所在地　三重県名張市黒田／建築主　宗教法人　無動寺／用途　寺院／施工　松塚建設／構造・規模　木造・地上1階

サンタウンひまわり館

第16回SDA賞／所在地　奈良県奈良市右京／建築主　関西学術研究都市センター／用途　複合商業施設／施工　奥村組・大日本土木・三和建設・中村建設／構造・規模　SRC造・地上6階

橿原警察署

所在地　奈良県橿原市四条町／建築主　奈良県／用途　公共施設（警察署）／施工　平成建設・辻岡工務店／構造・規模　RC造（ボイドスラブ）・地上4階

安堵町庁舎

所在地　奈良県生駒郡安堵町／建築主　安堵町／用途　公共施設（庁舎）／施工　淺沼組・淺川組／構造・規模　RC造・地上5階／共同設計　西村建築設計事務所

ふれあいの郷 かみきた

所在地　奈良県吉野郡上北山村／建築主　上北山村／用途　研修センター／施工　淺川組・中尾組／構造・規模　RC造・地上4階、地下1階

むさし野旅館

所在地　奈良県奈良市春日野町／建築主　むさし野／用途　宿泊施設／施工　熊谷組／構造・規模　W造・地上2階

川上村林業資料館

所在地　奈良県吉野郡川上村／建築主　川上村／用途　公共施設／施工　中尾組／構造・規模　W造・地上2階

**社会福祉法人 大倭安宿苑
特別養護老人ホーム　長曾根寮**

所在地　奈良県奈良市大倭町／建築主　社会福祉法人　大倭安宿苑／用途　老人福祉施設／施工　大倭殖産／構造・規模　RC造・地上5階、地下1階

奈良県身体障害者療護施設

所在地　奈良県吉野郡大淀町／建築主　奈良県／用途　療護施設／施工　仲川組・堀内工務店・菊田組／構造・規模　RC造一部S造・地上1階

ゴルフパークナパラ

所在地　奈良県天理市山田町／建築主　大東興産／用途　ゴルフクラブハウス／施工　東急建設／構造・規模　S造・地上2階

斑鳩町斎場

所在地　奈良県生駒郡斑鳩町／建築主　斑鳩町／用途　斎場／施工　清水建設／構造・規模　RC造一部S造・地上1階

三郷町立図書館

所在地　奈良県生駒郡三郷町／建築主　三郷町／用途　図書館／施工　森本組・村本建設／構造・規模　RC造一部S造、SRC造・地上2階、地下1階／共同設計　安井建築設計事務所

奈良市西部生涯スポーツセンター

所在地　奈良県奈良市中町／建築主　奈良市／用途　温水プール・体育館／施工　山上組・淺川組・大倭殖産・中村建設・木村建設／構造・規模　RC造一部S造・地上2階

奈良県病院協会看護専門学校

所在地　奈良県橿原市大久保町／建築主　奈良県病院協会／用途　専修学校／施工　奥村組／構造・規模　RC造一部S造・地上4階

葛城市歴史博物館

所在地　奈良県葛城市忍海／建築主　葛城市／用途　資料館／施工　村本建設・鍛治田工務店／構造・規模　RC造・地上2階／展示設計施工　乃村工藝社

山崎屋 宝来店

所在地　奈良県奈良市宝来町／建築主　山崎屋／用途　店舗（奈良漬）／施工　辻岡工務店／構造・規模　RC造・地上4階

平群町活性化センター

所在地　奈良県生駒郡平群町／建築主　平群町／用途　活性化センター／施工　森本組／構造・規模　RC造・地上2階

大和郡山市立老人福祉センター

所在地　奈良県大和郡山市植槻町／建築主　大和郡山市／用途　老人福祉施設／施工　淺沼組／構造・規模　RC造・地上2階

奈良県立桜井高等学校

所在地　奈良県桜井市桜井／建築主　奈良県／用途　高等学校／施工　中尾組／構造・規模　RC造・地上3階

奈良県薬業会館

所在地　奈良県橿原市久米町／建築主　奈良県薬業会／用途　公共施設／施工　松塚建設／構造・規模　RC造・地上4階

大和ビル

所在地　奈良県奈良市登大路町／建築主　大東興産／用途　事務所／施工　淺沼組／構造・規模　RC造・地上5階、地下1階

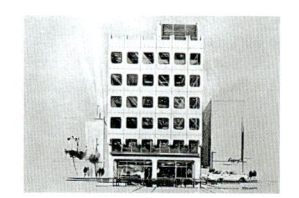

森田ビル

所在地　奈良県奈良市高天町／建築主　個人／用途　事務所／施工　淺沼組／構造・規模　RC造・地上6階、地下1階

奥城崎シーサイドホテル

所在地　兵庫県豊岡市竹野町／建築主　ハトヤ観光／用途　宿泊施設／施工　熊田工務店／構造・規模　RC造・地上4階

大神神社・社務所

所在地　奈良県桜井市三輪／建築主　大神神社／用途　神社／施工　中尾組／構造・規模　RC造一部S造・地上2階

奈良県商工会議所

所在地　奈良県奈良市登大路町／建築主　奈良商工会議所／用途　事務所／施工　奥村組／構造・規模　S造・地上5階

大神神社・大礼記念館

所在地　奈良県桜井市三輪／建築主　大神神社／用途　会館／施工　中尾組／構造・規模　RC造一部S造・地上2階

奈良県中小企業会館

所在地　奈良県奈良市登大路町／建築主　奈良県／用途　公共施設（事務所）／施工　鴻池組／構造・規模　RC造・地上4階

和束町庁舎

所在地　京都府相楽郡和束町／建築主　和束町／用途　公共施設／施工　巻野組／構造・規模　RC造・地上3階

竹林院 群芳園 西館

所在地　奈良県吉野郡吉野町／建築主　竹林院群芳園／用途　宿泊施設／施工　清水建設／構造・規模　RC造・地上5階

奈良市消防庁舎

所在地　奈良県奈良市八条／建築主　奈良市／用途　公共施設／施工　山上組／構造・規模　RC造（ボイドスラブ）・地上5階

山崎屋本店

所在地　奈良県奈良市東向南町／建築主　山崎屋／用途　奈良漬専門店／施工　辻岡工務店・近鉄百貨店／構造・規模　S造・地上4階

慈光院方丈

所在地　奈良県大和郡山市小泉町／建築主　慈光院／用途　寺院／施工　大新建設／構造・規模　W造・地上1階

奈良育英西中学・高等学校

所在地　奈良県奈良市三松／建築主　育英学園／用途　中・高等学校／施工　淺沼組／構造・規模　RC造（ボイドスラブ）・地上3階

宗教法人 大倭大本宮大倭病院

所在地　奈良県奈良市大倭町／建築主　宗教法人 大倭大本宮／用途　病院／施工　熊谷組／構造・規模　RC造・地上3階

安堵町トーク安堵カルチャーセンター

所在地　奈良県生駒郡安堵町／建築主　安堵町／用途　公共施設／施工　中和開発／構造・規模　RC造・地上3階／共同設計　西村建築設計事務所

湯盛温泉 ホテル杉の湯

所在地　奈良県吉野郡川上村／建築主　川上村／用途　宿泊施設／施工　淺川組・中尾組・堀内工務店／構造・規模　SRC造（ボイドスラブ）・地上6階

四季亭

所在地　奈良県奈良市高畑町／建築主　四季亭／用途　宿泊施設／施工　熊谷組／構造・規模　RC造・地上2階、地下1階

§ 広告目次 §

憧れの選手を追いかけて
野球に向き合ってきた。
だから、わかる。

奥村組には、背中を追いかけたいと
思える人がいる。

建設への熱意。挑戦する勇気。
人から人へ。
脈々と受け継がれるその想いが、
奥村組の現場をつくっていくのだろう。

奥村組のシンボルは、「人」。
ともに成し遂げたいと
思える人がいるチームは、強い。

メジャーリーガー
吉田 正尚

建 設 が、好 き だ。

奥村組
OKUMURA CORPORATION

本　　　社	：大阪市阿倍野区松崎町 2-2-2	TEL.06(6621)1101
関西支店	：大阪市阿倍野区阿倍野筋 1-1-43（あべのハルカス26F）	TEL.06(6625)3832
奈良支店	：奈良市高天町38-3（近鉄高天ビル）	TEL.0742(22)5001

奥村組 ウェブサイトは
こちら

ISO9001、ISO14001認証
総合建設業・一級建築士事務所

匠で築く新未来───────

新・都・創・造

株式会社 尾田組

代表取締役 尾田 安信

奈良市高畑町738番地の2　　TEL.0742-26-6011

大阪営業所　大阪市中央区南本町1-3-2　TEL.06-6261-9103

東九条倉庫　奈良市東九条町772番地

URL　https://odagumi.co.jp/

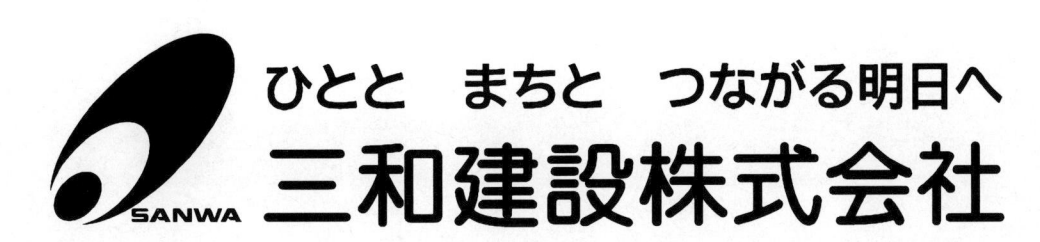

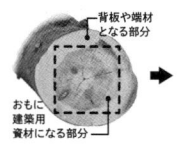

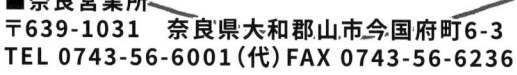

建築ジャーナル別冊

65th ANNIVERSARY
MASUTANI ARCHITECTS AND ENGINEERS
SINCE1960-2025
総合企画／建築／設計監理　株式会社 桝谷設計

2025 年 5 月 10 日発行
定価：本体 2,000 円＋税

編　　　集　　建築ジャーナル（斉藤尚己）
デ ザ イ ン　　株式会社スタジオデイズ（武田康裕）

発 行 所　　企業組合 建築ジャーナル
　　　　　　　〒 103-0002
　　　　　　　東京都中央区日本橋馬喰町 2-2-12
　　　　　　　馬喰町 TY ビル 6F
　　　　　　　TEL：03-3861-8101
　　　　　　　FAX：03-3861-8205
　　　　　　　URL：http://www.kj-web.or.jp

印刷・製本　　倉敷印刷株式会社

ISBN978-4-86035-761-0